Impressum
Verlag: BABADADA GmbH, Nedderfeld 112 , 22529 Hamburg
Geschäftsführer / Verlagsleitung: Harald Hof
Druck: Books on Demand GmbH, In de Tarpen 42, 22848 Norderstedt

Imprint
Publisher: BABADADA GmbH, Nedderfeld 112 , 22529 Hamburg, Germany
Managing Director / Publishing direction: Harald Hof
Print: Books on Demand GmbH, In de Tarpen 42, 22848 Norderstedt, Germany

dijeliti
除

186/2

ploča
黑板

učionica
教室

školsko dvorište
校园

učitelj
老师

papir
纸

pisati
书写

kemijska olovka
钢笔

pisaći stol
办公桌

ravnalo
直尺

knjiga
书

učenik
学生

torba

书包

pernica

铅笔盒

grafitna olovka

铅笔

šiljilo za olovke

卷笔刀

gumica za brisanje

橡皮擦

blok za crtanje

画板

crtež

图画

kist

画笔

kutija s bojama

颜料盒

makaze

剪刀

ljepilo

胶水

bilježnica

练习册

domaći zadatak

家庭作业

broj

数字

sabirati

加

oduzimati

减

množiti

乘

računati

计算

slovo

字母

abeceda

字母表

riječ

字

tekst

课文

čitati

读

kreda

粉笔

sat

上课

dnevnik

登记

ispit

考试

svjedodžba

证书

školska uniforma

校服

obrazovanje

教育

leksikon

百科全书

sveučilište

大学

mikroskop

显微镜

karta

地图

košara za papir

废纸篓

hotel
酒店

Grand

prenoćište
青年旅社

ROOMS

mjenjačnica
外币兑换处

EXCHANGE

kofer
手提箱

auto
汽车

jezik
语言

da / ne
是/否

okay
好的

zdravo
您好

prevoditelj
翻译员

hvala
谢谢

Koliko košta...?

......多少钱？

ne razumijem

我不明白

problem

问题

dobro veče!

晚上好！

Dobro jutro!

早上好！

Laku noć!

晚安！

doviđenja

再见

smjer

方向

prtljaga

行李

torba

包

ruksak

双肩包

gost

客人

soba

房间

vreća za spavanje

睡袋

šator

帐篷

turističke informacije
旅游信息

plaža
海滩

kreditna kartica
信用卡

doručak
早餐

ručak
午餐

večera
晚餐

karta za vožnju
票

dizalo
电梯

poštanska markica
邮票

granica
边界

carina
海关

ambasada
大使馆

viza
签证

putovnica
护照

zrakoplov
飞机

brod
船

vatrogasno vozilo
消防车

autobus
公交车

teretno vozilo
卡车

motorni čamac
汽艇

biciklo
自行车

auto
汽车

trajekt

摆渡船

čamac

小船

motocikl

摩托车

policijski auto

警车

trkaći auto

赛车

iznajmljeno auto

租车

dijeljenje automobila
....
拼车

vučno vozilo
....
拖车

vozilo za odvoz smeća
....
垃圾车

motor
....
发动机

benzin
....
汽油

benzinska postaja
....
加油站

prometni znak
....
交通标志

promet
....
交通

zastoj
....
交通堵塞

parkiralište
....
停车场

kolodvor
....
火车站

šine
....
轨道

vlak
....
火车

tramvaj
....
电车

vagon
....
货车

helikopter

直升机

zrakoplovna luka

机场

toranj

塔

putnik

乘客

kontejner

集装箱

karton

纸板箱

kolica

手推车

košara

篮子

uzletjeti / sletjeti

起飞/降落

grad
城市

selo

村庄

centar grada

市中心

kuća

房子

kino
电影院

reklama
广告

ulična svjetiljka
路灯

ulica
街道

taksi
出租车

kiosk
小吃店

pješak
行人

nogostup
人行道

križanje
十字路口

pješački prijelaz
斑马线

kontejner za otpad
垃圾箱

semafor
红绿灯

CINEMA

koliba

小屋

stan

公寓

kolodvor

火车站

vijećnica

市政厅

muzej

博物馆

škola

学校

grad - 城市

sveučilište

大学

banka

银行

bolnica

医院

hotel

酒店

ljekarna

药房

ured

办公室

knjižara

书店

prodavaonica

商店

cvjećara

花店

supermarket

超市

trg

市场

robna kuća

百货商店

ribarnica

鱼店

trgovački centar

购物中心

luka

海港

park

公园

klupa

长凳

most

桥

stepenice

楼梯

podzemna željeznica

地铁

tunel

隧道

autobusna stanica

公交车站

bar

酒吧

restoran

餐馆

poštansko sanduče

邮筒

ulični znak

路标

parkirni sat

停车计时器

zoološki vrt

动物园

bazen

游泳馆

džamija

清真寺

seosko gazdinstvo
农场

zagađenje okoliša
污染

groblje
墓地

crkva
教堂

igralište
操场

hram
寺庙

krajolik
地形

list
树叶

putokaz
指示牌

put
路

livada
草地

kamen
石头

drvo
树

šetač
徒步旅行者

rijeka
河

trava
草

cvijet
花

dolina

峡谷

planina

山

jezero

湖

šuma

森林

pustinja

沙漠

vulkan

火山

dvorac

城堡

duga

彩虹

gljiva

蘑菇

palma

棕榈树

moskito

蚊子

muha

苍蝇

mrav

蚂蚁

pčela

蜜蜂

pauk

蜘蛛

buba

甲虫

žaba

青蛙

vjeverica

松鼠

jež

刺猬

zec

野兔

sova

猫头鹰

ptica

鸟

labud

天鹅

divlja svinja

野猪

jelen

鹿

los

麋鹿

nasip

水坝

vjetrenjača

风力发电机

solarna ploča

太阳能电池板

klima

气候

konobar
服务员

jelovnik
菜单

stolica
椅子

supa
汤

pica
披萨饼

pribor za jelo
餐具

stolnjak
桌布

predjelo

前菜

glavno jelo

主菜

desert

甜点

napitci

饮料

jelo

食物

boca

瓶子

fastfood

快餐

imbis hrana

街边小吃

čajnik

茶壶

doza za šećer

糖盒

porcija

一份饭菜

aparat za espresso

意式咖啡机

visoka stolica

高脚椅

račun

账单

pladanj

托盘

nož

刀

vilica

餐叉

žlica

勺子

čajna žlica

茶匙

ubrus

餐巾

čaša

玻璃杯

tanjur

碟子

tanjur za supu

汤盘

tanjurić

碟子

sos

酱

soljenka

盐瓶

mlin za biber

胡椒磨

ocat

醋

ulje

食用油

začini

调味料

kečap

番茄酱

senf

芥末

majoneza

蛋黄酱

ponuda
特价

kupac
顾客

mliječni proizvodi
乳制品

voće
水果

kolica za kupnju
购物车

FOR

mesnica

肉铺

pekarnica

面包房

vagati

称重

povrće

蔬菜

meso

肉

duboko smrznuta hrana

冷冻食品

narezak

冷盘

konzerve

罐头食品

sredstvo za pranje

洗衣粉

slatkiši

甜食

artikli za domaćinstvo

日用品

sredstva za čišćenje

清洁用品

prodavačica

销售员

blagajna

收银机

blagajnik

收银员

lista za kupnju

购物清单

vrijeme rada

开放时间

novčanik

钱包

kreditna kartica

信用卡

torba

袋子

plastična vrećica

塑料袋

voda

水

sok

果汁

mlijeko

牛奶

cola

可乐

vino

红酒

pivo

啤酒

alkohol

酒

kakao

可可

čaj

茶

kava

咖啡

espresso

意式浓缩咖啡

cappuccino

卡布奇诺

banana

香蕉

jabuka

苹果

naranča

橙子

lubenica

西瓜

limun

柠檬

mrkva

胡萝卜

češnjak

大蒜

bambus

竹子

luk

洋葱

gljiva

蘑菇

orašasti plodovi

坚果

rezanci

面条

špagete

意大利面条

riža

米饭

salata

沙拉

pomfrit

薯条

pečeni krumpir

炸土豆

pica

披萨饼

hamburger

汉堡包

sendvič

三明治

šnicla

炸猪排

pršut

火腿

salama

萨拉米

kobasica

香肠

kokoš

鸡肉

pečenje

烤肉

riba

鱼

zobene pahuljice

燕麦片

musli

穆兹利

kukuruzne pahuljice

玉米片

brašno

面粉

roščić

羊角面包

pecivo

面包卷

kruh

面包

toast

烤面包

keksi

饼干

maslac

黄油

svježi sir

凝乳

kolač

蛋糕

jaje

蛋

jaje na oko

煎蛋

sir

奶酪

sladoled

冰激凌

šećer

糖

med

蜂蜜

marmelada

果酱

nugat krema

巧克力酱

curry

咖喱饭

seoska kuća
农舍

sjenik
粮仓

bale sijena
稻草捆

polje
田野

konj
马

prikolica
拖车

ždrijebe
马驹

traktor
拖拉机

magarac
驴

ovca
羊

lane
羔羊

koza

山羊

krava

奶牛

tele

牛犊

svinja

猪

prase

小猪

bik

公牛

guska

鹅

patka

鸭

pilići

小鸡

kokoš

母鸡

pijetao

公鸡

pacov

鼠

mačka

猫

miš

老鼠

vol

牛

pas

狗

kućica za psa

狗屋

vrtno crijevo

花园浇水软管

kanta za polijevanje

洒水壶

kosa

长柄大镰刀

plug

犁

srp
镰刀

motika
锄头

vilica za gnojivo
长柄草耙

sjekira
斧头

tačke
独轮手推车

korito
饲料槽

posuda za mlijeko
牛奶罐

vreća
麻布袋

ograda
栅栏

štala
马厩

staklenik
温室

zemlja
土壤

sjeme
种子

gnojivo
肥料

kombajn
联合收割机

žanjati

收割

žetva

收割

yams začin

山药

pšenica

小麦

soja

大豆

krumpir

土豆

kukuruz

玉米

uljana repica

油菜籽

voćka

果树

gomolj manioke

树薯

žitarice

谷物

dimnjak
烟囱

krov
屋顶

žlijeb
落水管

prozor
窗户

garaža
车库

zvono
门铃

vrata
门

korpa za otpad
垃圾桶

poštansko sanduče
信箱

vrt
花园

dnevna soba

客厅

kupaonica

浴室

kuhinja

厨房

spavaća soba

卧室

dječija soba

儿童房

trpezarija

餐厅

pod

地板

zid

墙壁

strop

吊顶

podrum

地窖

sauna

桑拿

balkon

阳台

terasa

露台

bazen

游泳池

kosilica za travu

割草机

posteljina za krevet

被单

deka za krevet

床罩

krevet

床

metla

扫帚

kanta

水桶

sklopka

开关

kuća - 房子

tapeta
▶ 壁纸

slika
照片

svjetiljka
台灯

regal
搁架

ormar
橱柜

kamin
▶ 壁炉

televizija
电视机

cvijet
花

jastuk
垫子

kauč
沙发 ◤

vaza
花瓶

daljinski upravljač
▶ 遥控器

tepih
地毯

zavjesa
窗帘

stol
餐桌

stolica
椅子

stolica za njihanje
摇椅

fotelja
扶手椅

knjiga

书

deka

毯子

dekoracija

装饰品

drvo za ogrjev

木柴

film

电影

stereo uređaj

高保真音响

ključ

钥匙

novine

报纸

slika na platnu

油画

poster

海报

radio

收音机

blok za pisanje

笔记本

usisavač

吸尘器

kaktus

仙人掌

svijeća

蜡烛

hladnjak
冰箱

mikrovalna pećnica
微波炉

kuhinjska vaga
厨房秤

sredstvo za čišćenje
洗洁精

toaster
烤面包机

pećnica
烤箱

pretinac za zamrzavanje
冰柜

korpa za otpad
垃圾桶

perilica za suđe
洗碗机

štednjak
....
炊具

lonac
....
锅

željezni lonac
....
铸铁锅

wok / kadai
....
炒锅

tava
....
平底锅

kuhalo za vodu
....
水壶

kuhalo na paru

蒸锅

lim za pečenje

烤盘

posuđe

陶瓷锅

čaša

马克杯

zdjela

碗

štapići za jelo

筷子

kutljača

长柄勺

lopatica

铲子

pjenjača

搅拌器

sito za kuhanje

滤网

sito

筛子

ribež

磨碎机

mužar

研钵

roštilj

烧烤

ognjište

明火

daska

菜板

oklagija

擀面杖

vadičep

开瓶器

konzerva

罐子

otvarač konzervi

开罐器

krpa za lonac

隔热手套

sudoper

水槽

četka

刷子

spužva

海绵

mikser

搅拌机

zamrzivač

冷藏箱

bočica za bebe

奶瓶

slavina za vodu

水龙头

grijanje
供暖设备

tuš
淋浴

ručnik
毛巾

zavjesa za tuš
浴帘

pjenušava kupka
泡沫浴

kada
浴缸

čaša
玻璃杯

perilica za rublje
洗衣机

slavina za vodu
水龙头

pločice
瓷砖

dječja kahlica
便壶

sudoper
水槽

toalet	čučavac	bidet
厕所	蹲便器	坐浴器

pisoar	papir za toalet	četka za toalet
小便池	厕纸	马桶刷

četkica za zube

牙刷

pasta za zube

牙膏

konac za zube

牙线

prati

洗

tuš ručica

手持式喷淋头

tuš za pranje intimnih dijelova

冲洗器

lavor

洗脸盆

četka za pranje leđa

擦背刷

sapun

肥皂

gel za tuširanje

沐浴露

šampon

洗发水

krpa za pranje

法兰绒

odvod

排水

krema

乳霜

dezodorans

除臭剂

ogledalo

镜子

kozmetičko ogledalo

手镜

brijač

剃须刀

pjena za brijanje

剃须泡沫

losion za poslije brijanja

须后水

češalj

梳子

četka

刷子

sušilo za kosu

吹风机

sprej za kosu

喷发定型剂

makeup

化妆品

ruž za usne

唇膏

lak za nokte

指甲油

vata

化妆棉

škare za nokte

指甲剪

parfem

香水

neseser

洗漱包

stolica

凳子

vaga

计重秤

ogrtač

浴袍

rukavice za čišćenje

橡胶手套

tampon

卫生棉条

uložak

卫生巾

kemijski toalet

化学厕所

kupaonica - 浴室

budilnik
闹钟

plišana igračka
毛绒玩具

auto igračka
玩具车

zvečka
拨浪鼓

kućica za lutke
玩具屋

poklon
礼物

balon

气球

krevet

床

dječija kolica

（洋娃娃用）婴儿车

igra s kartama

扑克牌

slagalica

拼图

strip

漫画

lego kockice

乐高积木

kockice za slaganje

积木玩具

akcioni junak

玩具人

kombinezon za bebe

婴儿服

frizbi

飞盘

viseće igračke

床铃玩具

društvene igre

棋盘游戏

kocka

骰子

minijaturna željeznica

火车模型

duda

安抚奶嘴

tulum

聚会

slikovnica

绘本

lopta

球

lutka

洋娃娃

igrati

玩

pješčanik

沙坑

ljuljačka

秋千

igračka

玩具

konzola za igre

游戏机

tricikl

三轮车

plišani medo

泰迪熊

ormar

衣柜

odjeća

衣服

kratke čarape

袜子

čarape

长袜

hulahopke

紧身裤

šal
围巾

kišobran
雨伞

kaiš
皮带

t-shirt
T恤

čizme
靴子

papuče
拖鞋

patike
运动鞋

sandale

凉鞋

cipele

鞋

gumene čizme

雨靴

gaćice

内裤

grudnjak

胸罩

potkošulja

背心

bodi

身体

hlače

裤子

džins

牛仔裤

haljina

短裙

bluza

女式衬衫

košulja

衬衫

džemper

套头衫

pulover s kapuljačom

卫衣

blejzer

西装夹克

jakna

夹克

kaput

外套

kabanica

雨衣

kostim

套装

haljina

连衣裙

vjenčanica

婚纱

odijelo

西装

spavaćica

睡袍

pidžama

睡衣

sari

莎丽

rubac

头巾

turban

包头巾

burka

波卡

kaftan

卡夫坦

abaja

(阿拉伯式)长袍

kupaći kostim

泳衣

kupaće gaćice

男式泳裤

kratke hlače

短裤

odjeća za trening

运动服

pregača

围裙

rukavice

手套

gumb

纽扣

naočale

眼镜

narukvica

手链

ogrlica

项链

prsten

戒指

naušnica

耳环

kapa

便帽

vješalica

衣架

šešir

帽子

kravata

领带

patent zatvarač

拉链

kaciga

头盔

naramenice

背带

školska uniforma

校服

uniforma

制服

podbradak
围兜

duda
安抚奶嘴

pelena
尿不湿

server
服务器

ormar za spise
文件柜

pisač
打印机

monitor
显示屏

papir
纸

miš
鼠标

pisaći stol
办公桌

mapa
文件夹

tipkovnica
键盘

stolica
椅子

košara za papir
废纸筐

računar
电脑

šalica za kavu
咖啡杯

kalkulator
计算器

internet
因特网

laptop
笔记本电脑

pismo
信件

poruka
消息

mobilni telefon
手机

mreža
网络

uređaj za kopiranje
复印机

softver
软件

telefon
电话

utičnica
插座

faks
传真机

obrazac
表格

dokument
文件

kupovati

买

platiti

付钱

trgovati

交易

novac

现金

dolar

美元

euro

欧元

jen

日元

rubalj

卢布

švicarski franak

瑞士法郎

renmindbi yuan

人民币

rupija

卢比

automat za novac

提款处

mjenjačnica

外币兑换处

zlato

金

srebro

银

nafta

石油

energija

能源

cijena

价格

ugovor

合同

porez

税金

dionica

股票

raditi

工作

službenik

职员

poslodavac

老板

tvornica

工厂

prodavaonica

商店

policajac
警官

vatrogasac
消防员

kuhar
厨师

liječnik
医生

pilot
飞行员

vrtlar
....
园丁

stolar
....
木匠

krojačica
....
裁缝

sudija
....
法官

kemičar
....
化学家

glumac
....
演员

vozač autobusa

公交车司机

vozač taksija

出租车司机

ribar

渔夫

čistačica

清洁女工

krovopokrivač

屋顶工

konobar

服务员

lovac

猎人

slikar

画家

pekar

面包师

električar

电工

građevinski radnik

建筑工人

inženjer

工程师

mesar

屠夫

limar

水管工

poštar

邮递员

vojnik

士兵

arhitekta

建筑师

blagajnik

收银员

cvjećar

花农

frizer

理发师

kondukter

售票员

mehaničar

机械师

kapetan

船长

zubar

牙医

znanstvenik

科学家

rabi

拉比

imam

伊玛目

monah

和尚

svećenik

牧师

čekić
铁锤

kliješta
钳子

odvijač
螺丝刀

ključ za vijke
扳手

džepna svjetil
手电筒

rovokopač

挖掘机

kutija za alat

工具箱

ljestve

梯子

pila

锯子

ekser

钉子

bušilica

钻机

popraviti

修

lopata

铲子

Sranje!

靠！

lopatica

簸箕

lonac za boju

油漆桶

vijci

螺丝

glazbeni instrument
乐器

bubnjevi
打击乐器

zvučnik
扬声器

gitara
吉他

kontrabas
低音提琴

truba
小号

klavir

钢琴

violina

小提琴

bas

贝斯

timpani

定音鼓

udaraljke za bubnjeve

鼓

keyboard

电子琴

saksofon

萨克斯管

flauta

长笛

mikrofon

麦克风

ulaz
入口

tigar
老虎

kavez
笼子

zebra
斑马

hrana za životinje
动物饲料

panda
熊猫

životinje

动物

slon

大象

kengur

袋鼠

nosorog

犀牛

gorila

大猩猩

medvjed

熊

kamila

骆驼

noj

鸵鸟

lav

狮子

majmun

猴子

flamingo

火烈鸟

papagaj

鹦鹉

polarni medvjed

北极熊

pingvin

企鹅

ajkula

鲨鱼

paun

孔雀

zmija

蛇

krokodil

鳄鱼

čuvar u zoološkom vrtu

动物园管理员

tuljan

海豹

jaguar

美洲豹

poni

矮种马

leopard

豹

nilski konj

河马

žirafa

长颈鹿

orao

老鹰

divlja svinja

野猪

riba

鱼

kornjača

龟

morž

海象

lisica

狐狸

gazela

羚羊

američki nogomet
橄榄球

biciklizam
骑自行车

tenis
网球

košarka
篮球

plivanje
游泳

boks
拳击

hockey na ledu
冰球

nogomet

英式足球

badminton

羽毛球

atletika

田径

rukomet

手球

skijanje

滑雪

polo

马球

skočiti
跳

smijati se
笑

zagrliti
拥抱

ići
走路

pjevati
唱

moliti se
祈祷

poljubiti
亲吻

sanjati
做梦

pisati
书写

crtati
画

pokazati
展示

gurati
推

dati
给

uzeti
拿

imati

有

činiti

做

biti

当

stojati

站

trčati

跑

povlačiti

拉

baciti

扔

padati

摔倒

ležati

躺

čekati

等待

nositi

携带

sjediti

坐

oblačiti

穿衣

spavati

睡觉

probuditi se

醒来

gledati

看

plakati

哭

milovati

抚摸

češljati

梳头

govoriti

交谈

razumjeti

明白

pitati

问

slušati

听

piti

喝

jesti

吃

pospremiti

清理

voljeti

爱

kuhati

做饭

voziti

开车

letjeti

飞

ploviti

航行

računati

计算

čitati

读

učiti

学习

raditi

工作

vjenčati se

结婚

šiti

缝

prati zube

刷牙

ubiti

杀

pušiti

抽烟

poslati

寄

baka
祖母

djed
祖父

otac
父亲

majka
母亲

beba
婴童

kćerka
女儿

sin
儿子

gost

客人

tetka

阿姨

ujak, stric

叔叔

brat

兄弟

sestra

姐妹

čelo
前额

oko
眼睛

rame
肩膀

prst
手指

lice
脸

brada
下巴

ruka
手

grudi
乳房

noga
腿

ruka
手臂

beba

婴童

muškarac

男人

žena

女人

djevojčica

女孩

dječak

男孩

glava

头

leđa

背部

trbuh

肚子

pupak

肚脐

nožni prst

脚趾

peta

脚后跟

kost

骨头

kuk

臀部

koljeno

膝盖

lakat

手肘

nos

鼻子

stražnjica

屁股

koža

皮肤

obraz

脸颊

uho

耳朵

usna

嘴唇

tijelo - 身体

usta

嘴

zub

牙齿

jezik

舌头

mozak

脑

srce

心脏

mišić

肌肉

pluća

肺

jetra

肝脏

želudac

胃

bubrezi

肾脏

snošaj

性交

kondom

避孕套

jajna stanica

卵子

sperma

精子

trudnoća

怀孕

menstruacija

月经

vagina

阴道

penis

阴茎

obrva

眉毛

kosa

头发

vrat

脖子

bolnica
医院

bolničko vozilo
救护车

invalidska kolica
轮椅

lom
骨折

liječnik
医生

hitna medicinska služba
急诊室

medicinska sestra
护士

hitni slučaj
紧急情况

nesvijest
昏迷

bol
痛

ozljeda

受伤

krvarenje

出血

srćani infarkt

心脏病发作

moždani udar

中风

alergija

过敏

kašalj

咳嗽

groznica

发烧

gripa

流感

proljev

腹泻

glavobolja

头痛

rak

癌症

dijabetes

糖尿病

kirurg

外科医生

skalpel

手术刀

operacija

手术

ct

CT

rentgen

X光

ultrazvuk

超声波

maska

口罩

bolest

疾病

čekaonica

候诊室

štaka

拐杖

flaster

石膏

zavoj

绷带

injekcija

注射

stetoskop

听诊器

nosilo

担架

termometar

体温计

rođenje

出生

prekomjerna težina

超重

slušni aparat

助听器

sredstvo za dezinfekciju

消毒液

infekcija

感染

virus

病毒

hiv / sida

艾滋病

medicina

药物

vakcinacija

接种疫苗

tablete

药片

pilula

药丸

poziv u pomoć

急救电话

uređaj za mjerenje tlaka

血压计

bolesno / zdravo

生病/健康

bolnica - 医院

pomoć!

救命！

alarm

警报

nasrtaj

突击

napad

攻击

opasnost

危险

izlaz za nuždu

紧急出口

požar!

着火啦！

vatrogasni aparat

灭火器

nezgoda

意外

kofer prve pomoći

急救箱

sos

呼救信号

policija

警察

Europa

欧洲

sjeverna amerika

北美洲

južna amerika

南美洲

Afrika

非洲

Azija

亚洲

Australija

澳洲

Atlantik

大西洋

Pacifik

太平洋

ocean

印度洋

antarktički ocean

南冰洋

arktički ocean

北冰洋

sjeverni pol

北极

južni pol

南极

Antarktik

南极洲

zemlja

地球

zemlja

陆地

more

海

otok

岛

nacija

国家

država

国家

brojčanik sata

钟面

satna kazaljka

时针

minutna kazaljka

分针

sekundna kazaljka

秒针

Koliko je sati?

现在几点？

dan

天

vrijeme

时间

sada

现在

digitalni sat

电子表

minuta

分

sat

时

ponedjeljak
周一

MO

srijeda
周三

W

petak
周五

FR

TU

utorak
周二

TH

subota
周六

četvrtak
周四

SA

SO

nedjelja
周日

jučer

昨天

danas

今天

sutra

明天

jutro

早晨

podne

中午

večer

晚上

radni dani

工作日

vikend

周末

kiša
雨

duga
彩虹

snijeg
雪

vjetar
风

proljeće
春

jesen
秋

ljeto
夏

zima
冬

meteorološka prognoza
天气预报

termometar
温度计

sunčana svjetlost
阳光

oblak
云

magla
雾

vlažnost zraka
潮湿

munja

闪电

grmljavina

打雷

oluja

风暴

tuča

冰雹

monsun

季风

poplava

洪水

led

冰

siječanj

一月

veljača

二月

ožujak

三月

travanj

四月

svibanj

五月

lipanj

六月

srpanj

七月

kolovoz

八月

rujan

九月

listopad

十月

studeni

十一月

prosinac

十二月

krug

圆形

kvadrat

正方形

pravokutnik

长方形

trokut

三角形

kugla

球体

kocka

立方体

bijela

白

žuta

黄

narančasta

橙

ružičasta

粉

crvena

红

ljubičasta

紫

plava

蓝

zelena

绿

smeđa

棕

siva

灰

crna

黑

mnogo / malo

很多/少许

ljutito / mirno

生气/平静

lijepo / ružno

美/丑

početak / kraj

首/尾

veliko / maleno

大/小

svijetlo / tamno

明/暗

brat / sestra

兄弟/姐妹

čisto / prljavo

干净/肮脏

potpuno / nepotpuno

完整/缺失

dan / noć

白天/晚上

mrtvo / živo

死/生

široko / usko

宽/窄

jestivo / nejestivo

可食用/非食用

zlo / dobro

邪恶/善良

uzbuđeno / dosadno

兴奋/无聊

debelo / mršavo

胖/瘦

na početku / na kraju

第一/最后

prijatelj / neprijatelj

朋友/敌人

puno / prazno

满/空

tvrdo / mekano

硬/软

teško / lagano

重/轻

glad / žeđ

饿/渴

bolesno / zdravo

生病/健康

ilegalno / ilegalno

非法/合法

pametno / glupo

聪明/愚笨

lijevo / desno

左/右

blizu / daleko

近/远

novo / rabljeno

新/旧

ništa / nešto

没有/有些

staro / mlado

老/幼

uključeno / isključeno

开/关

otvoreno / zatvoreno

打开/合上

tiho / glasno

安静/吵闹

bogato / siromašno

富/穷

točno / pogrešno

对/错

hrapavo / glatko

粗糙/光滑

tužno / sretno

伤心/高兴

kratko / dugo

短/长

polako / brzo

慢/快

mokro / suho

湿/干

toplo / hladno

温暖/凉爽

rat / mir

战争/和平

brojevi
数字

0
nula
零

1
jedan
一

2
dva
二

3
tri
三

4
četiri
四

5
pet
五

6
šest
六

7
sedam
七

8
osam
八

9
devet
九

10
deset
十

11
jedanaest
十一

12

dvanaest

十二

13

trinaest

十三

14

četrnaest

十四

15

petnaest

十五

16

šestnaest

十六

17

sedamnaest

十七

18

osamnaest

十八

19

devetnaest

十九

20

dvadeset

二十

100

stotinu

百

1.000

tisuću

千

1.000.000

milijun

百万

engleski

英语

američko engleski

美式英语

kinesko mandarinski

普通话

hindi

印地语

španjolski

西班牙语

francuski

法语

arapski

阿拉伯语

ruski

俄语

portugalski

葡萄牙语

bengalski

孟加拉语

njemački

德语

japanski

日语

ja

我

ti

你

on / ona / ono

他/她/它

mi

我们

vi

你们

oni

他们

tko?

谁？

što?

什么？

kako?

怎样？

gdje?

哪里？

kada?

什么时候？

ime

名字

方位

iza

后面

u

里面

ispred

前面

preko

上方

na

上面

ispod

下面

pored

旁边

između

中间

mjesto

地点